主编简介

章宏伟,故宫博物院研究馆员,历史学博士,南开大学兼职教授、博士生导师。有《故宫问学》《故宫学的视野》《作为学问的故宫学》等著作多部,发表论文百余篇。曾获中央国家机关优秀青年奖章、国家新闻出版署科学技术进步奖、首届全国文化遗产最佳论著奖。曾担任故宫博物院与中央电视台合作拍摄电视纪录片《故宫》总策划、制片人。

章宏伟

绘者简介

开绘文化成立于2019年,致力于插画与图画书创作,与全国多家出版机构有紧密合作,参与图书创作数十种。自成立以来,开绘文化在发掘继承传统创作形式的同时,积极探索数字绘画在图画书创作中的实验性和多样性。

方鱼,开绘文化主理人,在读博士,主攻图画书与文学插图创作方向。作品曾多次入选全国美协展览。

我们的故宫

主编 章宏伟

故宫的人和事

明天出版社·济南

图书在版编目（CIP）数据

故宫的人和事 / 章宏伟主编. — 济南：明天出版社，2023.6
（我们的故宫）
ISBN 978-7-5708-1725-2

Ⅰ.①故… Ⅱ.①章… Ⅲ.①故宫—儿童读物 Ⅳ.①K928.74-49

中国国家版本馆CIP数据核字（2023）第103276号

WOMEN
DE
GUGONG

WOMEN DE GUGONG
我们的故宫
GUGONG DE REN HE SHI
故宫的人和事

章宏伟　主编

出 版 人	李文波		
策划组稿	刘义杰	责任编辑	于跃
美术编辑	丛琳	装帧设计	山·书装
插画绘制	开绘文化		

出版发行　山东出版传媒股份有限公司
　　　　　明天出版社
地　　址　山东省济南市市中区万寿路19号

http://www.sdpress.com.cn　　http://www.tomorrowpub.com
经销　新华书店　　　　　　印刷　深圳市星嘉艺纸艺有限公司
版次　2023年6月第1版　　　印次　2023年6月第1次印刷
规格　190毫米×230毫米　　12开　$4\frac{2}{3}$印张
印数　1—5000
ISBN 978-7-5708-1725-2　　　定价　45.00元

如有印装质量问题　请与出版社联系调换　电话：（0531）82098710

目录 故宫的人和事

沉静好文的洪熙皇帝……4

当了两次皇帝的朱祁镇……6

午门斗殴事件……8

"偷偷"长大的弘治皇帝……10

"很有故事"的嘉靖帝……12

修修补补，大兴土木……14

小宫女谋害大皇上……16

"疯子"闯入太子宫……18

药丸送了皇帝的命……20

区区选侍制造闹剧……22

火药局爆炸，紫禁城遭殃……24

崇祯皇帝殉明……26

"工龄"超过60年的国母……28

少年天子擒鳌拜……30

康熙皇帝的"育儿经"……32

友爱兄长，孝敬姑姑……34

颇有才干的苏麻喇姑……36

雍正皇帝二三事……38

忽然剪发的皇后……40

嘉庆帝突然驾崩……42

同治帝的短暂一生……44

溥仪的宫中生活……46

逊帝搬家……48

沉静好文的洪熙皇帝

洪熙皇帝朱高炽是明朝第四个皇帝，他是永乐皇帝朱棣的长子。与善于打仗的父皇朱棣相比，朱高炽显然更"偏文"，他颇有文采，性格也较为沉静。

◆ 受封为燕王世子 ◆

17岁那年，朱高炽成为父亲燕王朱棣的世子。但是，由于朱高炽从小就体弱多病，所以朱棣并不怎么看重这个长子。

◆ 成为太子，监国理政 ◆

朱棣通过靖难之役夺取皇位后，犹豫了相当长的一段时间，才在永乐二年四月立朱高炽为皇太子。永乐年间，朱棣因为北征和迁都事宜而常住北京，于是命朱高炽在南京监国。也正是在监国期间，朱高炽积累了不少处理政务的经验。

◆ 即皇帝位，查漏补缺 ◆

永乐二十二年七月，朱棣病逝于第五次北征回京途中。朱高炽即位，年号洪熙。当上皇帝的朱高炽废除了永乐朝的一些不太合适的政策，还减免了百姓的赋税。

◆ 重用文官，虚怀纳谏 ◆

在位期间，朱高炽创立了文官政治系统，提升了阁臣的待遇。他还广泛接纳谏言，弥补施政中的不足。

◆ 猝然崩逝 ◆

洪熙元年五月，在位仅10个月的朱高炽突然因病去世，终年47岁。

当了两次皇帝的朱祁镇

他御驾亲征，却因为兵败而当了俘虏。回到北京后，他被软禁，日子过得紧巴巴。不过后来，他重新当上了皇帝……他就是明朝第六任、第八任皇帝朱祁镇。

◆ 天子当俘虏 ◆

正统十四年夏，瓦剌部太师也先率军南下。八月，皇帝朱祁镇在司礼监太监王振的怂恿下仓促亲征，在土木堡被俘。瓦剌部以朱祁镇为筹码，向明朝索取财物。

◆ 弟弟"捡漏"，当了皇上 ◆

为稳定人心，孙太后命朱祁镇的庶弟郕王朱祁钰为监国。朱祁钰随即惩处王振党羽，重用于谦，在朝廷中树立了威望。不久，在孙太后和朝臣们的支持下，朱祁钰即皇帝位，改年号为景泰。朱祁镇被遥尊为太上皇。

◆ 太上皇被释放 ◆

朱祁钰当了皇帝，朱祁镇对瓦剌部而言就失去了"筹码"的价值。景泰元年夏天，瓦剌部将朱祁镇释放。回到京城后，朱祁镇被软禁在了紫禁城东南侧的南宫。

◆过上了苦日子◆

住在南宫的朱祁镇一家过上了苦日子。由于生活得不到保障，朱祁镇的妻子钱皇后不得不变卖自制女红，以维持生计。

◆再次登极◆

景泰八年正月，朱祁钰因病重无法上朝。正月十七日凌晨，密谋拥立朱祁镇复位的石亨、徐有贞等大臣将南宫大门撞开，将朱祁镇迎入紫禁城，并在上朝的钟声响起之时向朝臣们宣告："太上皇复位了！"

朕要剥夺他的帝号！

◆废帝的最终归宿◆

朱祁镇复位后不久，朱祁钰病故，时年29岁。朱祁镇下旨废去了朱祁钰的帝号，将他降为郕王，以亲王之礼将他下葬。得到朱祁钰重用的大臣于谦则以谋逆罪被处死。

午门斗殴事件

正统十四年八月,皇帝朱祁镇被俘、司礼监太监王振被杀的消息传回北京。朝中有不少大臣呼吁升任监国的郕王朱祁钰严惩王振的余党……

◆ 众臣激愤,郕王不知所措 ◆

八月二十三日这天,郕王朱祁钰正在午门左掖门处理事务。突然,右都御史陈镒情绪激动,慷慨陈词,请求朱祁钰下令诛杀王振全族,其他大臣纷纷响应。朱祁钰有些慌神,起身准备离开,但大臣们拥上前来,跪地痛哭,请求朱祁钰立刻下令。

◆ 马顺跋扈,呵斥百官 ◆

怎料马顺居然厉声呵斥众大臣,意欲将他们撵走,"简单粗暴"地平息事端。

◆ 冲入宫门,请求换人 ◆

无奈之下,朱祁钰派遣锦衣卫指挥马顺去抄王振的家。大臣们都知道马顺是王振的同党,纷纷要求朱祁钰换人。司礼监太监金英奉命让大臣们退出宫门,可大臣们非但不听,还殴打金英,金英好不容易才得以脱身。

◆ 拳打脚踢，马顺毙命 ◆

此时，大臣王竑忍无可忍，带头对马顺拳打脚踢。马顺当场毙命。大臣们还要求朱祁钰交出王振的另外两名同党毛贵、王长随，并将这两人也打死了。

◆ 轮到大臣们慌神了 ◆

大臣们虽然打死了王振的三名同党，还使朱祁钰传令诛灭王振全族并抄没其家产，却因在宫门前动粗、损伤朝廷颜面而感到十分不安。

◆ 从恶性斗殴到锄奸惩恶 ◆

为稳定局面、安抚人心，朱祁钰接受于谦的建议，将这次恶性斗殴认定为锄奸惩恶，参与斗殴的大臣都没有受到惩罚。

"偷偷"长大的弘治皇帝

在封建王朝的宫廷之中，就算贵为皇子，也有可能遭逢厄运。若论成长之艰辛，明朝的弘治皇帝朱祐樘应该深有体会。

◆小小女官受青睐◆

成化初年，广西少女纪氏成为宫中女官，负责典籍管理。一次偶然的机会，纪氏受到成化皇帝朱见深青睐，没过多久就有了身孕。

> 恭喜，您要母凭子贵了。

◆"偷偷"长大，见到父皇◆

得知纪氏生子，万贵妃忙命太监张敏去将小皇子溺死。张敏心存不忍，欺瞒了万贵妃，与几名太监、宫女一起照料纪氏母子，朱见深的废后吴氏也常来帮忙。几年后的一天，张敏将纪氏所生皇子已经5岁一事告诉了朱见深，朱见深龙颜大悦，将小皇子接入宫中，赐名"祐樘"，并交由周太后抚养，后立为皇太子。

◆被迫藏身于安乐堂◆

朱见深的宠妃万贵妃得知纪氏怀孕，极为愤怒。同情纪氏的宫女谎称纪氏并非怀孕，而是得了一种怪病，于是纪氏被迁往西苑安乐堂。几个月之后，纪氏生下了皇长子。

◆ 纪氏突然去世 ◆

很快，纪氏被迎入紫禁城，在永寿宫居住。朱见深经常与纪氏相聚。可没过多久，纪氏就去世了，曾经照料小皇子的张敏也自尽身亡。据说，纪氏和张敏的死都与万贵妃有关。朱见深追封纪氏为"恭恪庄僖淑妃"。

◆ 万贵妃郁郁而终 ◆

朱祐樘的存在让万贵妃十分不安，她试图让朱见深更换太子，但没有得逞。后来，万贵妃忧郁成疾，于成化二十三年正月去世。

◆ 朱祐樘即位为君 ◆

成化二十三年八月，朱见深崩逝。九月初六，朱祐樘即位，定年号为弘治，追尊母亲纪氏为皇太后。朱祐樘在位期间，推行了一系列澄清吏治、复苏经济、整饬军备、改革律法的措施。当代史学家对朱祐樘评价很高。

◆迷信方术◆

大礼议之争结束后，朱厚熜渐渐对朝政失去了兴趣。他开始崇尚道教，迷信方士，还对各种祥瑞非常关注。朱厚熜的迷信活动给朝廷事务带来负面影响，还一度影响了朝廷用人。

◆好坏不分◆

抗倭有功的巡抚朱纨遭人陷害，规劝君德的太仆寺卿杨最死于狱中，而没什么才华、只知道讨好皇帝的严嵩却专权近20年。朱厚熜因此被评价为"忽智忽愚""忽功忽罪"。

从今天起，您就是皇太后了。

◆大礼议的结果◆

朱厚熜积极为亡父、生母争取名分和尊号。他的父亲——已故兴献王朱祐杬被追尊为"睿宗献皇帝"，母亲蒋氏被尊为皇太后，地位在张太后之上。

修修补补，大兴土木

嘉靖年间，故宫内有一些建筑受灾，不得不进行了修补和重建，此外，朱厚熜还大兴土木，下令改建了一些建筑。

◆ 重建三大殿、奉天门 ◆

嘉靖三十六年四月，雷雨引发的大火将三大殿、奉天门烧毁。嘉靖四十一年，重建三大殿的工程告竣，嘉靖皇帝朱厚熜将三大殿重新命名为"皇极殿""中极殿""建极殿"，同时将嘉靖三十七年重建的大朝门更名为"皇极门"。

◆ 维修"家庙"，以展孝思 ◆

奉先殿始建于明永乐年间，是皇家家庙。由于雷电、地震等原因，到了嘉靖年间，奉先殿的屋顶、墙壁、院墙都有了不同程度的损坏。于是，在嘉靖十六年至十八年，朱厚熜命人修葺了奉先殿。

◆ 兴修慈宁，以奉生母 ◆

　　嘉靖四年春，仁寿宫失火，张太后搬到了仁智殿居住。修复宫殿需要准备大木材，在漫长的备料期内，朱厚熜决定将仁寿宫、大善殿合并为一座宫院，给自己的生母蒋太后居住。嘉靖十七年九月，蒋太后搬进了这座被命名为"慈宁宫"的崭新宫院。

◆ 营建慈庆，以置伯母 ◆

　　在营建慈宁宫的同时，朱厚熜还将东华门内清宁宫的后半部改建为太皇太后的专属宫殿，命名为"慈庆宫"。由于当时没有太皇太后，当时已被改称为"皇伯母"的张太后就被安置在了这里。

小宫女谋害大皇上

嘉靖二十一年十月，宫里发生了一件大事，嘉靖皇帝朱厚熜险些命丧黄泉。这件大事后来被称作"壬寅宫变"。

◆ 皇上脾气很不好 ◆

史料记载，嘉靖皇帝朱厚熜性情暴虐，他虽对后妃、宫女加以宠眷，但常会在她们不小心犯错时严加苛责。

◆ 小宫女们忍够了 ◆

久而久之，在朱厚熜身边侍奉的杨金英等宫女终于忍不下去了，她们打算在皇上睡着的时候动手，将皇上杀死。

◆ 绒绳缢颈，天子危矣 ◆

十月的一个晚上，朱厚熜在端妃寝宫呼呼大睡。见此良机，宫女们一拥而上，用绳子勒住皇上的脖子……朱厚熜呼吸困难，危在旦夕！

"疯子"闯入太子宫

明朝后期,紫禁城宫墙之内接连发生了三件大案,分别是梃击案、红丸案和移宫案。梃击案为三件大案的首件,真可以用"稀里糊涂"来形容……

◆ 贵妃受宠,密谋夺嫡 ◆

万历年间,万历皇帝朱翊钧非常宠爱郑贵妃,十分冷落太子朱常洛及其生母王恭妃,郑贵妃因此有了为其所生皇子朱常洵争太子位的心思。

◆ 莫名其妙,大汉闯宫 ◆

万历四十三年五月,一个来路不明的大汉手持木棍,经东华门闯入了太子朱常洛所住的慈庆宫。一路上,他见一个打一个,不少太监受伤倒地。

◆ **大事化小，贵妃脱罪** ◆

大汉闯到慈庆宫前殿外时，被内监抓住。刑部官员审讯他时，得知他名叫张差。张差表现得疯疯癫癫、语无伦次，让官员们一头雾水。

> 是郑贵妃宫里的太监指使我干的……

◆ **刑部复审，疑犯改口** ◆

在后来的刑部复审中，张差忽然改口，说自己是受郑贵妃宫内太监庞保、刘成指使，意欲加害太子，好让郑贵妃的儿子朱常洵取而代之。

◆ **草草了结** ◆

郑贵妃听说后，深感窘迫，她先后向皇上和太子辩解，说自己与张差闯宫一事一点关系都没有。朱翊钧不愿怪罪宠妃，朱常洛不方便追究，于是"梃击案"以张差、庞保、刘成三人被处死为结果而草草了结。

药丸送了皇帝的命

泰昌皇帝朱常洛是万历皇帝朱翊钧的第一个儿子,他的生母是王恭妃。朱翊钧非常宠爱郑贵妃及其所生皇三子朱常洵,非常瞧不上出身低微的王恭妃,所以朱常洛长期被父皇忽视。

◆ 册立太子,稳定朝纲 ◆

由于朱翊钧迟迟不立太子,朝臣们纷纷上疏,奏请皇上早立储君。不少大臣言辞激烈,指责郑贵妃干预朝政。为稳定朝纲,朱翊钧终于在万历二十九年十月立朱常洛为皇太子。

◆ 苦熬多年终登极 ◆

万历朝中后期,关于郑贵妃联合朝臣谋夺储位和朱翊钧立朱常洛为太子并非自愿的谣言弄得满城风雨,朱常洛的生母王恭妃在一片凄凉中病逝,宫中又发生了梃击案……压力与伤感经常让朱常洛喘不过气来。万历四十八年七月,朱翊钧崩逝,朱常洛终于熬出了头,当上了皇帝。

◆ "放飞"自我的新皇帝 ◆

当上皇帝以后,朱常洛受到宠妃李选侍和父皇的宠妃郑贵妃的双重蛊惑,渐渐痴迷享乐,不再把朝政放在心上。

◆ 病来如山倒 ◆

即位不久的朱常洛病倒了。来给皇帝看病的是侍奉过郑贵妃的崔内侍，他给朱常洛用药后，朱常洛竟腹泻不止。大臣们见皇帝被病痛折磨得神情委顿都慌了神。

◆ 糊涂皇帝乱投医 ◆

这时，鸿胪寺官员李可灼呈上"红丸"，但多数大臣不赞成皇上服用。可朱常洛因为自觉命在旦夕，所以服下了一颗红丸。

◆ 服下红丸，天子归西 ◆

服下第一粒红丸后，朱常洛觉得舒服多了。可是，就在服下第二粒红丸后不久，朱常洛突然去世。这位仅仅在位29天的皇帝，终年38岁。他的年号"泰昌"还没使用多久，就和他一起成了历史。

区区选侍制造闹剧

明万历四十八年七月至九月,万历皇帝朱翊钧、泰昌皇帝朱常洛相继崩逝。关乎王朝命运的皇位交接再一次成为朝野关注的焦点。

◆ 两位皇子 ◆

泰昌皇帝朱常洛崩逝后,留下两位皇子,一个是奉万历皇帝遗嘱成为皇太孙的16岁少年朱由校,一个是比朱由校小6岁的朱由检。毫无疑问,皇位应该归属于朱由校。当时,朱由校和养母——泰昌皇帝的宠妃李选侍一同居住在乾清宫。

◆ 养母的歪主意 ◆

眼见养子即将君临天下,李选侍动起了歪脑筋——她想成为皇太后,进而把持朝政。于是,她和太监魏忠贤联手挟持朱由校,掌控了乾清宫。

火药局爆炸，紫禁城遭殃

王恭厂是明朝工部下属的一座兵工厂，也是制作火药的地方，位于当时北京皇城的西南角。就在天启六年五月的一天，这座兵工厂给京城带来一场不小的灾难。

◆ 灾厄突然降临 ◆

天启六年五月初六，皇城西南角突然传来一声巨响——王恭厂爆炸了！倾刻间，火焰冲天，烟尘滚滚，房屋坍塌，地面剧烈震动……有人说看到一团巨大的灵芝状烟尘腾空而起。

◆ 皇帝吓坏了，宫里乱套了 ◆

据说爆炸发生后，紫禁城内宫殿摇晃，正在维修宫殿的一些匠人从高处摔下，不少宫人被飞落的瓦片砸伤。正在乾清宫吃早饭的天启皇帝朱由校惊恐万分，他扔下碗筷，慌忙跑到交泰殿避难。

◆ 扑朔迷离 ◆

不少私人笔记都将王恭厂爆炸描述得玄乎其玄。但根据正史记载，导致这场大爆炸的最直接原因，极有可能是存放在王恭厂内的火药自燃。

◆ 伤亡惨重 ◆

王恭厂爆炸后，京城有很多房屋倾斜、坍塌，住在王恭厂一带的不少百姓在爆炸中身亡。爆炸引发的地面剧烈震动将紫禁城宫殿内的许多器物震落，巨大的声响使尚在襁褓中的小太子朱慈炅受惊，不幸夭折。

◆ 皇帝下罪己诏 ◆

王恭厂爆炸使朝野震动、民怨渐起。惊魂未定的朱由校下了一道罪己诏，表示要亲自到太庙行礼，还要求大臣们都穿朴素的服装，竭尽所能地做事。

崇祯皇帝殉明

明朝天启年间，以魏忠贤为首的宦官集团和以江南士大夫为主的政治集团东林党的斗争不断消耗着明朝国力，后金汗王努尔哈赤的步步进逼使明朝更加岌岌可危。天启五年五月，皇帝朱由校落水受惊，开始生病，后病发身亡，他同父异母的弟弟朱由检成了新皇帝，史称崇祯皇帝。

◆ 铲除宦官，掌控宫廷 ◆

朱由检即位后，将曾受皇兄朱由校重用的魏忠贤"请"出了皇宫，迅速掌控了宫中局面。很快，依附魏忠贤的官员开始倒戈，纷纷抨击魏忠贤并给他列出了10条罪状。朱由检公开宣布了魏忠贤的罪行，将他贬谪到凤阳祖陵管香火，后又命令逮捕他，他畏罪自杀。

◆ 重蹈覆辙，激化矛盾 ◆

由于朝中官员的不作为，朱由检渐和他的皇兄天启皇帝一样，也开始重用宦官。意欲整饬边防的朱由检让宦官参与军政事务，而这一做法加剧了宦官与文官武将的矛盾，久而久之，官员们的"工作"积极性被大大削弱。

宦官们太可恶了。

"工龄"超过60年的国母

在清朝的所有皇后（皇太后）中，顺治皇帝的第二任皇后可谓"工龄最长"。

◆ 满蒙联姻的延续 ◆

顺治十年八月，顺治皇帝福临将来自母亲孝庄皇太后娘家——蒙古科尔沁部的第一任皇后废黜。为了维系满蒙联姻，孝庄皇太后又从娘家选出一位格格，将她聘入宫中。

◆ 新后入宫，入主坤宁 ◆

顺治十一年六月，孝庄皇太后所选的这位格格正式入主坤宁宫，成为顺治皇帝的第二任皇后，史称"孝惠皇后"。可能是由于才貌都不怎么出众，新皇后并没有得到福临的青睐。

◆ 无心之过，险酿大祸 ◆

顺治十四年冬，孝庄皇太后生病，住在南苑的福临宠妃董鄂妃朝夕侍奉，废寝忘食。皇后既没有来侍奉皇太后，也没有派人问候。福临一气之下，削减了皇后的部分待遇。好在有皇太后庇护，皇后保住了中宫之位。

◆ 成为太后，备受尊崇 ◆

顺治十八年正月，23岁的福临死于天花，8岁的皇三子玄烨即位，史称"康熙皇帝"。21岁的孝惠皇后作为康熙皇帝的嫡母，被尊为皇太后，提前过上了"退休生活"。

◆ "退休"生活，丰富多彩 ◆

康熙年间，孝惠皇太后除了享受含饴弄孙之乐，还经常在玄烨的安排下接受蒙古王公的问候与贡品。康熙三十八年，玄烨奉皇太后南巡，皇太后得以领略江浙风光。玄烨还多次奉皇太后到热河避暑。

朕的长辈都已经作古了……

◆ 寿终正寝，阖宫悲泣 ◆

康熙五十六年十二月，77岁高龄的孝惠皇太后因病去世。自顺治十一年五月入宫至康熙五十六年十二月去世，孝惠皇太后在紫禁城中度过了60多个春秋。

少年天子擒鳌拜

鳌拜是清初权臣，战功卓著。康熙初年，鳌拜越发跋扈，逐渐让康熙皇帝忍无可忍。于是，在康熙八年，康熙皇帝玄烨果断采取了行动……

◆ 四大辅臣 ◆

顺治皇帝去世前，为继承人皇三子玄烨选定了四位辅政大臣——索尼、苏克萨哈、遏必隆、鳌拜。这四人都是朝中重臣。

◆ 鳌拜专权 ◆

由于索尼年老，遏必隆庸懦，苏克萨哈与索尼、鳌拜二人关系都不好，鳌拜在较为复杂的局面中逐渐专权，越来越不把玄烨和孝庄太皇太后放在眼里。

◆ 天子亲政 ◆

康熙六年，玄烨开始亲政，而四大辅臣之首索尼也在这年病故。毫无归政之心的鳌拜拉拢苏克萨哈，企图进一步架空玄烨，而苏克萨哈为避祸患，向玄烨奏请不再辅政。鳌拜气不打一处来，纠集党羽，给苏克萨哈罗织罪名，迫使玄烨下旨处死了苏克萨哈。

◆擒拿鳌拜◆

鳌拜的肆无忌惮让玄烨坚定了将其铲除的决心。不久，玄烨挑选了一批宗室少年在宫内练习摔跤，借此让鳌拜以为皇帝无心朝政。康熙六年五月的一天，鳌拜奉旨入宫觐见时，少年们一拥而上，将鳌拜制服。

◆定罪幽禁◆

鳌拜被关押后，议政王大臣宣布了他所犯的三十条罪款。念及鳌拜以往的功勋，玄烨下旨将他革职拘禁。不久，鳌拜在禁所死去。

康熙皇帝的"育儿经"

康熙皇帝玄烨有35个皇子，长大成人的有24个。在对皇子的养育、教育方面，他不仅对皇太子精心教导，对其他皇子也几乎一视同仁，督促他们"全面发展"。

◆ 精心抚育 ◆

康熙朝的皇子出生后，即由专人负责照料，日常所需的一应物品均由内务府按例配给。玄烨还将几位皇子养在祖母孝庄太皇太后、嫡母孝惠皇太后，以及自己几位后妃的宫中，以便让皇子们得到更好的照顾。

◆ 能文能武 ◆

皇子们到了6岁，就要开始"上学"了。在康熙朝担任过皇子老师的有张英、熊赐履、徐元梦、顾八代等人。除了读书、习字，皇子们几乎每天都要练习骑射。

◆ 学习科技 ◆

玄烨对天文学、地理学、医学、农学、植物学等都有着浓厚兴趣，他不想让皇子们只会读书、骑射，于是经常向他们传授科技知识。雍正帝即位后曾回忆："当年，皇父曾带着我们在乾清宫用望远镜观测日食。"

◆ 言传身教 ◆

玄烨经常与皇子们交谈，内容非常广泛，涉及孝敬尊长、正心修身、虚心好学、勤俭持家等。

你们要认真做事，给宗室子弟们做表率。

◆ 训练从政 ◆

在玄烨的引导、训练下，皇次子胤礽在22岁时就开始以储君身份处理国事了，并且表现得可圈可点。玄烨的其他皇子，也在处理日常事务和参加军事活动等方面得到了相当的历练。

◆ 皇帝的承诺 ◆

淑慧长公主是孝庄太皇太后的女儿、康熙皇帝的亲姑姑。康熙二十六年，玄烨曾在祖母病重之际向祖母承诺，会在姑姑年迈时将她迎至京师居住。

> 皇祖母，您放心，我会给姑姑养老。

◆ 满蒙联姻，亲上加亲 ◆

康熙三十年，玄烨将自己的第三个女儿荣宪公主嫁给了姑姑的亲孙子乌尔衮，这桩婚事不仅是满蒙联姻的又一次延续，还是亲上加亲。玄烨曾在巡视塞外途中，来到荣宪公主家，与姑姑、女儿、女婿团聚。

> 姑姑，您的孙子乌尔衮一表人才，就让他当额驸吧！

> 淑慧长公主生逢泰运，她可是皇祖母最疼爱的女儿呢。

◆ 无尽的思念 ◆

康熙三十九年正月，在京师居住的淑慧长公主病逝，享年68岁。在以后的日子里，玄烨经常想起姑姑的音容笑貌，在跟大臣们交谈时也时不时表露出对姑姑的思念。

颇有才干的苏麻喇姑

苏麻喇姑，本名"苏墨儿"。她是孝庄皇后的侍女，在清初的宫廷之中生活了数十年，孝庄太皇太后、康熙帝都视她为家人，非常敬重、信赖她。

◆ 制作清初冠服饰样 ◆

清初崇德年间，时为宫中侍女的苏麻喇姑曾奉皇帝皇太极之命，参与冠服的设计工作并亲手制作冠服饰样。由此可见，苏麻喇姑心灵手巧，擅长女红。

◆ 太后的得力助手 ◆

清朝定鼎北京后，苏麻喇姑随皇室搬入紫禁城。顺治年间，苏麻喇姑作为孝庄皇太后的得力助手，常协助太后料理一些事务。据记载，出身蒙古族的苏麻喇姑曾骑马出宫为太后办事。

◆ 康熙皇帝的满文老师 ◆

根据清初的宫廷制度，顺治皇帝的皇三子玄烨幼年时被安置在宫外居住。苏麻喇姑曾奉命手把手地教小玄烨满文，她的言传身教对一年到头见不到父皇母妃的玄烨来说，起到了慰藉心灵的作用。

◆ 颐养天年，抚养皇子 ◆

顺治皇帝去世后，玄烨即位，定年号康熙。玄烨在位期间，除了奉养孝庄太皇太后、孝惠皇太后之外，对苏麻喇姑加以优待。苏麻喇姑步入晚年后，玄烨安排她抚养皇十二子胤裪，苏麻喇姑的晚年生活因此不再乏味。

◆ 患病过世，丧仪升格 ◆

康熙四十四年九月，年迈的苏麻喇姑因病过世，康熙皇帝命内务府升格苏麻喇姑的丧仪规格，并安排多位成年皇子为她送殡。后来，苏麻喇姑被安葬在了清东陵陵区东南，距孝庄文皇后陵寝不是很远的一处墓园内。

雍正皇帝二三事

雍正帝胤禛在位十三年，他大力清除先皇康熙帝统治后期的一些积弊，对历史的发展有一定贡献。从现存的宫廷档案可知，雍正帝除了勤于政务，还很会享受生活。

◆ 秘密立储，避免风波 ◆

康熙朝后期，皇子们为争夺储位而纷争不断，康熙帝因此十分头疼。雍正帝即位后，创立了"秘密立储"制度。这一制度的确立，避免了众皇子争储、太子党与皇党争权等弊病。

◆ 正大光明 ◆

所谓"秘密立储"，就是皇帝将写有继承人名字的谕旨封存于匣子中，将匣子藏于乾清宫正大光明匾额之后，皇帝临终时或崩逝后，御前大臣、军机大臣等共同开启匣子，公布即位人选。

◆ 突发奇想，改造宫殿 ◆

大概是由于建立了秘密立储制度，宫里不会再有明面上的皇太子，雍正帝觉得毓庆宫这一建制有些多余，在雍正九年，他命人将毓庆宫改建为斋宫，将其作为宫中专门的斋戒场所。

> 皇上，永寿宫和养心殿似乎不宜连通啊……

◆ 意欲打通永寿宫 ◆

同样是在雍正九年，雍正帝可能觉得养心殿有些不够用，于是想将养心殿和北面的永寿宫打通，但他的这一想法最终并没有付诸实施。

◆ 以养宠物为乐 ◆

雍正帝似乎对宠物犬非常喜爱，常命人给它们喂肉吃、制作高级犬舍和犬笼，甚至还命人给爱犬做衣服和帽子。

朕要给小狗做帽子，待会儿你去告诉造办处的人。

◆ "百福"与"造化" ◆

雍正五年，雍正帝命人给爱犬"百福"制作了一顶麒麟帽，又命人给爱犬"造化"制作了一顶虎头帽。（清宫造办处档案中留下了很多雍正帝给宠物犬做衣帽的记录，小朋友们长大以后，可以在这些档案里一探究竟哟！）

忽然剪发的皇后

那拉氏在随乾隆皇帝南巡时突然剪了头发，导致乾隆皇帝震怒，她也因此受到了惩罚。

◆ 皇子侧妃的升职之路 ◆

乾隆皇帝弘历当皇子的时候，父皇雍正皇帝将秀女那拉氏赐给他当侧妃。弘历即位后，那拉氏被晋封为娴妃，若干年后又被晋封为娴贵妃。弘历的元配皇后富察氏病逝后，那拉氏成为新皇后。

> 小阿哥出痘了，我得去关照一下。

◆ 管理六宫，尽职尽责 ◆

那拉氏当上皇后以后，在行使权力、尽义务方面都做得不错。遇到妃嫔所出的皇子出天花，身为嫡母的那拉氏也会亲自关照。

◆ 突然剪发，出乎意料 ◆

乾隆三十年春天，那拉氏随弘历、皇太后踏上南巡之旅。在南巡途中，弘历给那拉氏过了生日。可就在闰二月十八日，那拉氏不知为何，突然将自己的头发剪了……满族以剪发为大忌，这一突发事件让弘历始料未及，震怒不已。

◆ 提前回京，幽禁翊坤 ◆

弘历冷静下来后，让女婿福隆安将那拉氏护送回京，随后又命人没收了象征她尊贵身份的册宝，将她幽禁在了翊坤宫，并大大降低了她的生活待遇。

皇后的后事，按皇贵妃例办理就行了。

◆ 忧郁而亡，终成疑案 ◆

乾隆三十一年七月，那拉氏去世。正在木兰围场行猎的弘历得知消息，冷酷无情地降低了皇后的丧事规格，草草将她葬入了妃嫔墓园。至于那拉氏突然剪发的原因，现已无法考证，我们通过现有的史料，也只能认为当时那拉氏"突然精神失常"。

嘉庆帝突然驾崩

嘉庆二十五年七月，60岁的嘉庆帝从北京圆明园出发，巡幸热河。路上，嘉庆帝有些中暑，但他似乎并没有把这点小病放在心上……

朕好像有点中暑……

◆天子突然崩逝◆

嘉庆二十五年七月二十五日，刚刚抵达避暑山庄的嘉庆帝因中暑等疾病突然去世。事出突然，王公大臣都慌了神儿。

皇上驾崩了，怎么会这样？！

立储诏书没找到就贸然继承大统，不妥，不妥啊……

◆传位诏书在哪儿？◆

按照不成文的规定，出巡的嘉庆帝身上应带着立储诏书。随皇帝出巡的大臣在承德没有找到立储诏书。在皇位悬空的情况下，内务府大臣禧恩建议由嘉庆帝的嫡长子——智亲王绵宁即位，可其他大臣觉得名不正言不顺。

"传我的懿旨，智亲王是大行皇帝嫡长子，理应由他即位。"

◆ 顾全大局，皇后颁懿旨 ◆

在寻找立储诏书的同时，智亲王绵宁派人回京城，向自己的继母、嘉庆帝的第二任皇后钮祜禄氏报丧。皇后得知承德那边的状况后，为稳定局面，颁下懿旨，命绵宁即位。

◆ 金盒开启，名正言顺 ◆

最后，大臣们在一个小太监身上找到了一个上着锁的小金匣，打开之后发现，里面果然放着立储诏书，而嘉庆帝所秘立的继承人正是绵宁。恰在此时，皇后的懿旨从北京传到了避暑山庄。就这样，绵宁在避暑山庄嘉庆帝灵前即位。

同治帝的短暂一生

咸丰十一年七月，咸丰皇帝病逝于承德。皇长子载淳即位，史称同治皇帝。根据宫廷制度，咸丰皇帝的皇后和同治皇帝的生母懿贵妃一同成为皇太后，徽号分别是"慈安""慈禧"。

◆ 6岁男童坐朝堂 ◆

6岁的小男孩显然不懂什么是治理朝政。咸丰皇帝预见了这一点，于是在临终前给载淳安排了八位顾命大臣。载淳即位后，慈安、慈禧两位太后与肃顺、载垣等八大臣形成互相牵制之势。

◆ 纱帘后面的人说了算 ◆

没过多久，颇有野心的慈禧太后就联合慈安太后和恭亲王奕䜣发动了宫廷政变。就这样，两宫太后开始"垂帘听政"。

读不顺，写不对，说不好，功课一团糟！

◆ 天子学业愁人忧 ◆

同治十年五月，慈禧太后在考查载淳功课时，发现他读书磕巴，写的文章里有错字，口头表达也没条理，于是她命令上书房的师傅们好好教导载淳。

朕要重修圆明园！

◆ 重修圆明园 ◆

同治十一年，亲政后的载淳为了摆脱慈禧太后对朝政的干预，决定重修圆明园。由于财政困难，工程进展很不顺利。

◆ 天子宾天，皇后早逝 ◆

同治十三年，19岁的载淳染上天花，于十二月初五病逝，圆明园重修工程因此停工。两个多月以后，载淳的皇后阿鲁特氏也去世了。

溥仪的宫中生活

溥仪是光绪皇帝的亲侄子。在溥仪3岁那年，慈禧皇太后将他选为同治、光绪两位皇帝的继承人。光绪皇帝、慈禧皇太后相继去世后，溥仪即位，尊光绪皇帝的皇后为隆裕皇太后。

◆ 6岁上学 ◆

宣统三年，也就是1911年，6岁的溥仪开始上学了。他读的第一本书是《孝经》。过了几年，溥仪开始学英文。

◆ 宣布退位 ◆

也正是在1911年，辛亥革命爆发。宣统三年十二月二十五日，也就是1912年2月12日，隆裕皇太后代溥仪宣布退位。溥仪的皇帝尊号仍在，并可暂居紫禁城。不久，隆裕皇太后郁郁而终。

> 皇儿啊，咱们不得不顺应时势，颁布《退位诏书》了……

太后不在了，以后我来管教皇上。

◆ 太妃的"关怀" ◆

隆裕皇太后去世后，同治皇帝的瑜妃、珣妃、瑨妃以及光绪皇帝的瑾妃以皇太妃的身份成为溥仪的"皇额娘"，其中，瑾妃对溥仪的管束非常严格。

◆ 外国教师进宫任教 ◆

溥仪14岁时，宫中来了一位外国教师，他教授溥仪英语、数学、世界史、地理等课程。闲暇时，这位外国教师还教溥仪骑自行车。

逊帝搬家

1922年，溥仪即将结婚。16岁的他可能没有想到，他在紫禁城中的安逸生活将在不久以后被强行终结……

◆ 立"后"封"妃" ◆

1922年3月，溥仪参照太妃们的意见，将婉容立为"皇后"，将文绣封为"淑妃"。结婚典礼在11月举行。

◆ 搬出紫禁城 ◆

1924年10月23日，冯玉祥发动北京政变。黄郛摄政内阁成立，修改《清室优待条件》。11月5日，溥仪离开了紫禁城。

> 这回咱们必须搬出大内了……